GOG-MAGOG

OU

LE VRAI DÉMOCRATE.

PAR

PIERRE SAUREL.

PRIX : 15 CENTIMES.

LIMOGES.

DE L'IMPRIMERIE DE BARBOU FRÈRES.

1848

PREMIÈRE RÉFLEXION.

LE BONHEUR DU VRAI FRANÇAIS.

Le vrai Français aime la liberté, et il sait qu'on en est d'autant plus digne qu'on respecte davantage celle des autres. Il veut sa patrie libre ; car la liberté est un bien dont les Français ne peuvent plus être privés ; certes il comprend que la liberté ne comporte pas le nivellement, que la liberté n'empêche pas les supériorités de se produire, et qu'ainsi chacun pourra toujours devenir excellent travailleur, excellent artiste, excellent administrateur. Il reconnaît donc que l'égalité absolue n'a pas été dans les vues du Créateur, qui n'a rien fait d'absolument égal sur la terre ; il voit, du reste, que les hommes naissent tous avec quelques dispositions différentes ; néanmoins cet homme est convaincu que chacun a un droit égal au banquet de la vie, que chacun a droit d'obtenir le développement complet de ses facultés ; et comme il est très-vrai que les individus qui, du premier abord, nous paraissent quelquefois inférieurs, se trouvent, presque toujours, doués de certaines qualités transcendantes qui les font admirer, il pense que chacun doit être animé de ce sentiment noble et fier qui fait que tout homme vaut un autre homme.

Le vrai Français est convaincu que la propriété bien acquise doit être sacrée aux yeux de tous ; certes celui qui a acheté un coin de terre avec le fruit de ses sueurs, ou qui le possède depuis un certain laps de temps, qui le cultive avec soin, celui-là méritera toujours d'être protégé dans sa possession : ce serait, du reste, la chose la plus cruelle que de déposséder un paysan de son champ, un travailleur qui s'est incarné avec sa terre. Il est convaincu également qu'un fils devra toujours hériter des meubles, des outils et du bien de son père.

Le vrai Français croit qu'il faut des riches et des travailleurs, car les riches et les travailleurs font tous partie de la chaîne sociale. Le riche est utile pour étudier, pour réfléchir, pour consommer, et le travailleur est utile pour produire. Il croit que l'ouvrier ne doit pas porter trop d'envie au riche ; le riche a aussi ses peines. L'ouvrier doit être toujours content avec du travail convenablement récompensé ; la liberté est l'espoir d'arriver à l'aisance. Il pense aussi que le riche qui voudra se faire pardonner de l'être, qui voudra se sauver, ne doit pas non plus affamer, irriter l'ouvrier ; qu'il doit jeter bravement son argent dans la circulation, pour que personne n'envie son bien être et pour qu'il soit aimé et protégé par toute la masse des travailleurs.

Le bon Français souhaite ardemment que le pouvoir du gouvernement soit fort, respecté et digne de l'être, pour qu'il puisse rendre la liberté grande, large et durable ; il compte sur la durée éternelle du gouvernement républicain, parce que ce gouverment est le seul juste, et parce qu'il s'est franchement appuyé sur les masses, sur les travailleurs, qui sont en majorité, soit dans les champs, soit dans les fabriques, soit dans les ateliers, soit dans les magasins, soit dans l'armée.

Le bon Français veut la *démocratie* pour que l'égalité soit pour tous équitable, et la fraternité féconde, pour que toute noble action soit justement récompensée, pour que toute réclamation légitime soit écoutée, pour que la vertu et le travail soient honorés, et pour que le vice et l'orgueil soient seuls proscrits. Il veut avec force le maintien de la république, parce que le renversement de la république ajournerait indéfiniment l'étude des questions relatives à l'amélioration du sort des agriculteurs (*) et des ouvriers, à

(*) L'agriculture, jusqu'ici complètement oubliée, doit être la véritable richesse. La France, par son heureuse position, par

l'amélioration de tout le mécanisme social, et surtout parce que le renversement de la République serait la guerre civile et la déchéance de la France.

Le vrai Français est toujours indigné contre les médisants et les calomniateurs, qui cherchent à paraliser les bons effets des actions des hommes les mieux intentionnés; qui, quelquefois par hypocrisie, par méchanceté, se plaisent à jeter la panique et la terreur parmi le peuple : c'est qu'il sait que, par la peur, les hommes se rejettent en arrière, que cela cause du désordre et détruit la confiance.

Le vrai Français voudrait que les gardes nationaux ne cédassent jamais à l'impulsion des orgueilleux et des intrigants, et qu'ils nommâssent toujours pour leurs chefs d'anciens militaires, des hommes d'énergie et d'un beau caractère.

Il voudrait que les gens qui ne sont que riches et orgueilleux, les égoïstes, les usuriers et les gens de chicane fussent exclus de tous les conseils municipaux : c'est que les communes qui se sont imposé de tels hommes ont toujours cédé à quelque chose d'abject et de lâche; c'est que là où l'égoïsme, l'antagonisme et l'intérêt règnent, il y a toujours abaissement de la conscience, puis despotisme et abrutissement.

---

les nombreux cours d'eau, peut devenir le pays le plus florissant du monde. Qu'est-ce qu'il faut? fermes modèles, barrages des rivières, irrigation, et récompenses qui honorent le travail.

Il ne voudrait voir à la tête de toutes les communes que des hommes de probité; pris, parmi les hommes d'industrie et de travail, parmi ceux qui sont bons pères, bons époux, bons voisins et bons citoyens : c'est qu'il sait qu'il ne peut y avoir de bonheur pour la commune sans la liberté, et que la liberté est fille de la probité, de la bonne foi, et non de la chicane, de l'orgueil ou de l'égoïsme.

Il voudrait que tous les hommes réfléchissent sérieusement, surtout pour élire les représentants de la députation nationale, qu'ils évitassent de donner leur voix à ces intrigants, à ces calomniateurs, à ces tartufes qui ne parlent dignité, fraternité, gloire nationale, que par singerie et dans le but seul d'obtenir leur mandat pour en abuser. Il voudrait que leur choix se portât sur des hommes au front haut et large, instruits, doués de générosité, de grandeur d'âme; sur des hommes connus, enfin sur de vrais républicains.

Travailleurs! si parmi ceux qui se présentent, il y a des hommes aimant le luxe, les applaudissements; s'il y a des envieux, des orgueilleux, repoussez-les, ce sont des égoïstes : arrière! ils vous trahiraient. La République veut des hommes de dévouement, des hommes de sacrifice; pour avoir une République féconde et durable, il faut qu'elle soit greffée sur la vertu. Jésus qui, le premier a posé les bases de la fraternité, n'appela pas les riches ni les pharisiens; il appela de simples ouvriers et se fit ouvrier lui-même : Jésus ne co[illegible]tre aristocratie que celle de la vertu. Soyez vertueux vous-mêmes, et exigez la vertu de ceux que vous choisirez. Craignez les grands et les riches qui vous comblent de prévenances inusitées ; craignez les hypocrites ; craignez-les tous quand ils vous invitent à dîner. Travailleurs ! que vos cœurs ne tendent jamais en bas, n'écoutez pas la voix des égoïstes, ne cédez jamais au petit intérêt d'un moment, soyez des hommes de sacrifice vous-mêmes ; que vos cœurs aspirent toujours en haut, qu'ils aspirent la ver tu ; car, du jour où vous cesserez de regarder le ciel, vous pencherez vers la terre, vers l'entagonisme, vers un intérêt trompeur, qui engendrerait l'esclavage ; faites que, par vos choix, les humbles soient élevés et que les orgueilleux soient abaissés ; choissisez des hommes de parmi vous : ainsi la France sera le pays le plus libre, le plus heureux du monde ; chacun pourra y vivre fraternellement et comme bon lui semblera. Le passé y sera oublié, plus de nobles ni de roturiers, plus de distinctions d'opinions ni de races. La République n'y sera qu'une tendre mère, pleine de sollicitude pour tous ses enfants indistinctement.

DEUXIÈME RÉFLEXION.

L'ESPOIR DU DÉMOCRATE.

Le vrai démocrate attendait, à genoux, le règne de la liberté, de l'égalité, de la fraternité. Aujourd'hui il est prêt à verser son sang, à donner tout ce qu'il possède pour conserver l'honneur et la liberté de la patrie.

Il est heureux que la plus grande révolution du monde se soit effectuée, en France, presque sans émeutes, sans terreur et sans catastrophes; c'est qu'il sait que la liberté ne peut pas se propager avec le poignard, il sait que l'arbre de la liberté ne peut pas pousser dans une atmosphère de terreur, il sait que le sang et le crime ont toujours brulé ses racines.

Enfin il est heureux, car les larmes de l'union, de la fraternité vont faire pousser à cet ardre des branches robustes et toujours verdoyantes.

Le vrai démocrate craignait que de parmi ceux qui ont été comblés de faveurs, de parmi ceux qui avaient été corrompus par les régimes déchus, il ne surgisse de nouveaux pharisiens, qui, tout en disant au peuple : « Nous sommes républicains, nous aimons la fraternité comme toi, » cherchassent, à l'écart, à élever l'arbre de la crucification ; mais il est heureux de voir que les bons se sont trouvés en si grand nombre qu'ils ont réduit les traîtres à l'impuissance.

Dans l'enfantement du nouvel ordre de choses, il y a eu un peu de souffrance ; mais, pour le démocrate, que sont les maux passagers, quand son cœur nage dans l'espérance ? Il sait que le bien n'arrive jamais sur terre qu'après avoir été sanctifié par un peu de douleur. Il voit que le nouvel ordre de choses est en faveur des masses que la fraternité rallie partout, et il espère que Dieu va bénir notre belle patrie.

Le vrai démocrate ne pense pas comme quelques-uns, que le grand événement qui s'est accompli en France soit l'œuvre de l'homme seul, il y voit surtout l'œuvre et la volonté de Dieu. Certes ce ne fut pas l'homme seul et sans armes qui, le 24 février, fit baisser 80,000 bayonnettes aguerries ; il y a vu Dieu, qui s'est mis entre le peuple et une si brave armée pour empêcher une lutte fratricide, et il croit que c'est également Dieu qui préside à tous ces heureux changements qui s'opèrent en Suisse, en Italie, en Allemagne et dans toute l'Europe.

Le vrai démocrate ne craint guère la guerre étrangère; les chemins de fer avec leurs wagons, la mer et les fleuves avec les bateaux à vapeur; la fuite des rois, ont fait disparaître les frontières et les guerres. Il croit que le monde vient de faire place à un monde nouveau, et qu'aux victoires et conquêtes vont succéder la fraternité des peuples et des échanges.

Le vrai démocrate est heureux de voir que le nouveau gouvernement décrète la souveraineté du peuple, le suffrage universel, la liberté entière d'association, le respect des personnes et des propriétés, l'abolition des priviléges, et que l'enfant de l'ouvrier sera aussi noble que tout autre. Il est heureux que le gouvernement ait décrété l'abolition de l'impôt sur le sel, l'abolition des exercices pour la perception des droits réunis, que la rudesse des commis avait rendus si impopulaires; il espère que la petite propriété et les petites industries seront convenablement dégrevées au moyen de la progression de l'impôt sur ceux qui possèdent le superflu, au moyen de prélèvements sur les grands traitements, au moyen d'un impôt sur les créances hypothécaires, sur les actions industrielles et de banque.

Il espère que l'organisation du travail se développera peu à peu, quant à certaines industries; il espère que la concurrence sera régularisée par de bonnes lois, que le travail agricole sera encouragé; il espère que l'instruction va être gratuite pour tous.

que dans chaque arrondissement il y aura des écoles centrales, des ateliers d'apprentissage et des fermes modèle dans chaque canton.

Le vrai démocrate espère que dorénavant l'ouvrier jouira de la juste considération qui est due au travail, que les riches n'oseront plus marchander impitoyablement sa journée dans le but de le rendre de plus en plus pauvre et humilié; il espère que tous les patrons ajouteront une somme minime au prix de chaque journée de tous les travailleurs de France, afin d'organiser une riche caisse de retraite où la vieillesse et l'infirmité auront toutes un égal droit, et qu'on ne verra plus le brave ouvrier tendre la main à la pitié des avares ou des indifférents.

Le vrai démocrate a toujours compris que ce n'était pas un travail pénible qui rendait les ouvriers malheureux, mais bien quand leur travail n'était ni honoré ni convenablement récompensé, et surtout quand ils étaient obligés de payer encore des patentes et des charges accablantes, alors qu'ils avaient tant de peine pour pourvoir à leur sobre existence.

Le vrai démocrate espère que dorénavant le riche verra dans l'ouvrier un de ses associés le plus nécessaire, car sans cet associé, sans ce frère, l'existence du riche serait pitoyable ; le riche reconnaîtra donc que tous les membres de la société sont liés par des nœuds si indissolubles que nul ne pourra les briser sans éprouver de la douleur.

Le vrai démocrate est heureux de voir que le nouvel ordre de choses ait été cordialement accepté par tout le clergé, par ces hommes moraux par excellence, par ces hommes possédant au suprême degré toutes les vertus sociales, aussi instruits que modestes, aussi patients que courageux.

Le vrai démocrate espère que les juges et magistrats ne seront plus jamais séduits ni influancés par les sollicitations, par le crédit, par l'autorité; car ils seraient des monstres dans le nouvel ordre social! il espère qu'ils seront simplement les ministres de l'équité, les organes de la loi, les défenseurs du faible, les refuges du pauvre, la force des malheureux et des indigents, et toujours prêts à poursuivre le coupable, quelque puissant qu'il soit.

Avec la République les notaires n'oseront plus sortir des limites de leurs charges : ils seront simplement les rédacteurs des volontés des parties contractantes, et n'oseront plus jamais convoiter encore les bénéfices de spéculations diverses, jouer et perdre l'honneur de leur ministère et la fortune des clients.

Avec la République on ne verra plus de ces concessionnaires de faveurs imméritées, de ces Verrés scandaleux, tous gens qui avaient horreur d'une blouse tâchée et que les émanations du travailleur suffoquent.

Avec la République tous les juges de paix rempliront avec zèle les devoirs de leurs charges, feront des démarches opportunes, feront tout leur possible pour emmener les conciliations ; ils tacheront toujours d'éviter à ces gens entêtés et ignorants des procès compliqués et ruineux. Les juges de paix ne perdront plus jamais de vue que les procès interrompent toujours les rapports de bon voisinage, détruisent la paix des familles, qu'ils sont le dissolvant le plus funeste de la morale publique.

Il espère que les maires ne seront plus ces hommes donnant leurs ordres d'un ton impérieux, de cet air hautain qui attriste et terrifie, mais qu'ils seront doués de toutes les vertus sociales, choisis par tous les citoyens de la commune; des hommes qui sauront parler à leurs administrés avec une bonté paternelle, polie et prévenante, et dont le vrai mérite forcera seul l'obéissance à la loi.

Avec la République les contrôleurs des contributions directes, ces hommes chargés de l'assiette de l'impôt voté annuellement par les chambres, seront tous des hommes instruits, justes, polis et doués de toutes les qualités morales que leurs graves fonctions exigent; ils ne seront plus, comme quelquefois cela s'est vu, partiaux, peu délicats, brutaux, car de cette manière ils feraient trop de mécontens et autant d'ennemis pour le gouvernement.

Il pense que les percepteurs de l'impôt direct chercheront tous à faire chérir la République. La rudesse, les frais, les contraintes, les poursuites contre les malheureux ne seront plus mis en usage. Les percepteurs tâcheront tous de mériter l'estime et la considération de leurs contribuables par leur probité, leur intelligence et leur savoir vivre; ils seront tous des hommes patients, humains, se mettant à la portée de tous, recevant l'argent n'importe à quelle heure; sachant pourtant presser le retardataire par des raisons fermes, mais qui ressembleront plutôt à des conseils qu'à des menaces; par leurs égards et par leur politesse, ils agiront de façon que les contribuables s'en iront toujours satisfaits de la manière dont leur argent aura été reçu.

Il espère que les agents payeurs ne seront plus ces hommes brusques, capricieux, peu complaisants, et qu'on ne verra plus de ces messieurs faisant revenir quand ils pouvaient payer de suite, ajournant les ayant-droit, en multipliant les difficultés ou faisant trop attendre pour la vérification des pièces; il pense qu'un agent vrai républicain payera toujours à la minute et indistinctement tous les créanciers de l'état; qu'il sera toujours présent à la caisse, même les jours de dimanche, veillera à ce que tous les pensionnaires soient ponctuellement payés à l'échéance, même dans leur localité, et sans frais.

De ces procédés il résultera le contentement dans les familles, l'amélioration toujours croissante du crédit et de l'esprit public, et l'affermissement de la République.

Il espère que la probité, la vigilance du gouvernement et du peuple présideront scrupuleusement dans le choix de tous les administrateurs, agents et employés, et que Dieu consacrera notre nouvel ordre de choses.

Il espère enfin que tout va s'améliorer, que tout

va s'ennoblir par la vertu, le génie et le travail ; que de toutes les parties du monde de nombreux étrangers viendront contempler le saint spectacle que va donner la France ; ils afflueront dans nos contrées et y apporteront leurs richesses ; il espère que la France sera la nation la plus grande, et que le plus beau titre de noblesse dans le monde sera celui de citoyen français.

TROISIÈME RÉFLEXION.

EMPIRE SUR SOI, PALLADIUM DU DÉMOCRATE.

L'empire sur soi consiste à modérer ses penchants et à vaincre ses défauts. Tout bon démocrate pense qu'on ne peut vivre sans cette vertu, qui est la base de toute force et de toute sagesse. Sans cette vertu, l'homme serait lâche dans tout; il serait indiscret quand on le voudrait, sa faiblesse pourrait même en faire un traître.

Hommes de cœur, de foi et d'avenir, n'hésitons pas à marcher à la conquête de cette grande vertu! Ainsi ne disons jamais : Je ne puis vaincre mes penchants, je ne puis résister à ce désir ; un français peut tout ce qu'il veut avec force! tous nos grands hommes l'ont dit et prouvé ; ayons seulement la hardiesse de faire le premier pas et la constance nécessaire pour continuer ; habituons-nous à nous priver de temps en temps d'une partie de ce que nous désirons ; commençons par des choses faciles et de peu d'importance ; arrêtons-nous quelquefois dans nos faiblesses ; essayons ensuite de nous corriger d'une habitude pernicieuse, de renoncer à un plaisir vif et irrésistible, et bientôt nous saurons commander à nos plus fortes passions. Ayons sans cesse présent à notre esprit qu'une victoire remportée sur soi prévient mille combats ; que celui qui a vaincu un désir vif, une mauvaise habitude, a plus fait pour sa tranquillité et son bonheur que s'il l'avait contenté ; car un désir contenté en fait naître mille autres et un penchant assouvi entraîne cent faiblesses.

Si l'homme a des passions, Dieu lui a donné la raison pour les régler, pour les combattre ; le succès dans ces sortes de combats est un vrai plaisir ; on triomphe alors au moment même de la victoire, et cela rend les combats suivants plus faciles.

Un bon citoyen doit s'exercer surtout à se suffire et se trouver toujours heureux de sa position ; car lorsqu'on est dominé par l'envie, il n'est aucun moment qui ne puisse être occupé par le chagrin. L'envieux se trouve toujours malheureux, son sort fût-il envié des autres.

Un bon citoyen fait tout pour s'exercer à la patience ; car celui qui s'irrite quand quelque chose lui résiste, ou qui semble prétendre que les événements doivent se régler d'après ses désirs, n'est qu'un sot. L'impatience fait toujours manquer le but, elle aigrit le mal au lieu de le guérir.

Il doit éviter la colère parce que cette émotion excite toujours un malaise nerveux, et parce que l'homme qui a de la noblesse dans le caractère fait toujours mieux d'opposer la politesse à la grossièreté et le calme à l'injure ; il pense pourtant que l'indignation est permise quand elle est excitée par des injustices qui atteignent des malheureux, des femmes ou des vieillards.

Le bon citoyen déteste l'orgueil parce que ce défaut ferme le cœur à la bienveillance, à la fraternité ; parce que l'orgueilleux ne rend jamais justice au mérite des autres ; parce que l'orgueilleux est toujours colère, inquiet, ce qui annonce en lui l'absence des meilleures qualités sociales.

Il évite la raillerie parce qu'il sait que de la raillerie à l'offense il n'y a qu'un pas, et que quand la raillerie s'exerce contre des inférieurs ou des malheureux, elle est détestable

Le bon citoyen déteste le mensonge et la flatterie parce qu'il sait que les menteurs et les flatteurs ont été la cause de presque tous les maux arrivés dans le monde.

Il haït la calomnie parce qu'elle impute à l'innocent des actions blâmables, afin de lui ravir l'estime publique ; il hait la calomnie parce qu'elle a toujours pour cause l'envie, la malignité, la vengeance : aussi il est toujours en garde contre le mal qu'on dit, parce qu'il sait que plusieurs personnes sont sujettes à se tromper de la meilleure foi du monde, et que d'autres sont peu capables de rapporter fidèlement ce qu'elles ont vu ou entendu.

Il méprise l'avarice parce que cette passion a quelque chose de dur, d'inhumain, parce que c'est la soif des richesses, sans en faire usage pour soi ni pour les autres. Il méprise également la prodigalité, parce que le prodigue est rarement un être bienfaisant, parce que ce n'est qu'un insensé qui ne connaît pas la valeur de l'argent, et que sa passion n'est fondée que sur la vanité de s'illustrer par des dépenses.

Le bon citoyen a horreur du vol : il pense qu'il vaut mieux résister aux exigences de l'estomac, préférer la mort, que de céder à l'idée déshonorante du vol ; il pense qu'on ne doit pas plus toucher à ce qui n'est pas à soi qu'à un poison subtil, qu'à des charbons ardents. Il regarde comme vols, la coalition des accapareurs, les profits illicites, les pots de vin, les ventes à faux poids, les états de frais trop enflés, les salaires non gagnés, les destitutions qui ont pour but de pourvoir un protégé, etc. Il considère tout cela comme des vols égaux à ceux qu'on commet sur les grands chemins.

Le citoyen qui a de l'empire sur soi ne cède jamais à l'impression que l'idée du mal fait éprouver aux gens faibles, et par-là toutes les peines de la vie sont pour lui diminuées de moitié. Il sait d'abord que les maux qui arrivent sur la terre ne sont que de deux sortes, ou naturels ou accidentels; que les maux naturels se réduisent à trois : les peines de l'enfance, les douleurs de l'enfantement, et celles qui précèdent la mort. Quant aux peines de l'enfance, personne ne se les rappelle ; quant aux douleurs de l'enfantement, elles sont faciles à oublier, puisqu'il y a tant de veuves qui cherchent à se remarier ; et quant au mal qui précède la mort, il sait que ce mal n'arrive qu'une fois, etc.

Les seuls maux qui font gémir le bon citoyen, ce sont les maux acidentels; il voit avec peine celui-ci qui se plaind de sa santé parce qu'il n'a pas été assez tempérant, cet autre qui se plaind de la misère parce qu'il a été paresseux ou prodigue, celui-là qui a perdu son honneur parce qu'il a commis des bassesses. Il plaind le père capricieux ou despote qui gémit sur l'inconduite de ses enfants. Il faut pourtant que chaque vice porte avec lui sa peine, comme chaque vertu porte sa récompense. Faut-il qu'il s'attriste pour l'avare destiné à ne jamais jouir de son trésor? faut-il qu'il s'attriste pour ces riches toujours en proie à l'ennui? faut-il qu'il s'apitoie sur le trouble qui agite les frippons et les scélérats que le seul mot de justice fait trembler? Le vrai démocrate sait que c'est par la souffrance que l'homme égaré dans la fausse voie doit être ramené dans le chemin de la vertu : il sait que les maux accidentels sont les moteurs dont se sert la Providence pour ramener l'humanité vers la sagesse.

Quand une souffrance, un chagrin nous arrive, réveillons-nous donc? réfléchissons, au lieu de nous plaindre... Avisons! car c'est un avertissement du ciel. Sachons que *souffrance et jouissance* sont les moyens par lesquels les volontés de l'éternel se révèlent aux hommes : *Souffrance*, pour purifier et ramener l'homme dans la bonne voie, et jouissance, pour l'y retenir : telle est la vie.

Il y a des maux accidentels qui ruinent, tels que les incendies, les grêles, les maladies ; quant aux grêles et aux incendies, il suffit de s'adresser aux assurances mutuelles ; quant aux maladies de bêtes et de gens, chaque commune peut se cotiser à raison de quelques centimes par mois et par tête, afin que, quand ces malheurs arrivent, personne n'en éprouve une gêne trop sensible. Dieu a permis ces maux, parce qu'ils sont utiles pour inspirer aux hommes des idées d'association, d'union, de fraternité.

Il est encore d'autres maux auxquels la plus grande force d'âme ne pourrait résister et qui terrassent : c'est la perte d'un enfant qui faisait notre consolation ; c'est la perte d'une mère, d'une épouse vertueuse et chérie ; c'est un mal incurable qui s'empare de nous. Dans de tels cas, les pleurs, les plaintes, ne remédient à rien ; c'est qu'alors il faut se jeter dans les bras de la religion, il faut se livrer tout entier à des sentiments pieux et à la prière. Là on trouvera d'abord suspension de la douleur par les paroles ferventes que le cœur adressera à Dieu. Viendra ensuite l'espérance d'être consolé dans ce monde ou dans l'autre. Puis le temps et Dieu remédient à tout insensiblement.

FIN.

LIMOGES. — BARBOU FRÈRES, IMP.-LIBRAIRES.

www.ingramcontent.com/pod-product-compliance
Ingram Content Group UK Ltd.
Pitfield, Milton Keynes, MK11 3LW, UK
UKHW032033260826
14628UKWH00006B/2923